조용한 반란

조용한 반란

신 덕 엽 제13시집

세종출판사

서문

희망을 노래하려
조심스레 길어 올린
절망을 오선지에 옮긴다

반전을 그리켜
깊은 듯 얕고 얕은 듯 깊은
삶을 화폭에 새긴다

어둠으로 등을 밝히고
거꾸로 세워 바로 서는
희망과 반전을 담은
열세 번째 시집을 엮는다

환하게 곧게 걸어가는 사람이
어둑하게 구부정히 따르는
그림자를 떨쳐내지 않는다

시집 중 단 한 편의 시라도
제 그림자를 밀어내는 사람의 눈물이 되기를
그리하여 그림자를 사랑하는 웃음으로 거듭나기를…

이천이십 년 사월, 어느 꽃비 나리는 날,

신덕영

차례

5 서문

1부

15 날개
16 유리잔
17 오랜 둥지
18 동백꽃 떨어지다
19 약국에 약이 없다
20 입
21 작지만 거대한
22 잠 못 이루는 밤에
23 연가
24 우문현답
25 그림자
26 낮, 고요 속에서
27 자가 치료
28 홍시와 까치 그리고 바람
29 물의 눈으로
30 헝겊
31 두고 온 전화기에게
32 나이 드는 법
33 이별, 그 즈음

내리사랑 *34*
자책골 *35*
물때 *36*
만개 중인 벚꽃 *38*
살아 있다는 것 *39*
터지지 못하는 상처에게 *40*
예순다홉에 *42*
봄비 *43*
무심 *44*
반벙어리 *45*
시래기 *46*
골목 *47*
못 떠난 여행 *48*
담쟁이 *49*
삶의 다이어트 *50*
어느 흐린 날에 *52*
세월 *53*
연두의 항변 *54*
꽃섬바람, 사춘기 *55*
참새 *56*
자문자답 *58*
상영 직후 극장 안으로 *59*
지금은 봄인가 여름인가 *60*

2부

- *63* 낙타
- *64* 부재 아닌 부재 중 전화
- *65* 자유인
- *66* 버린 것이 버린 것이 아닌
- *67* 사랑하거나 말거나
- *68* 운명
- *69* 시가 못되는 시
- *70* 효자손
- *71* 어제를 오르다가 멈추다
- *72* 꽃 같은 사람
- *74* 설탕과 소금
- *75* 하루살이
- *76* 희망, 절망의 불꽃
- *78* 빈 원고지
- *79* 수학으로 푸는 인생
- *80* 옷걸이
- *81* 목숨에게
- *82* 신경주역
- *83* 억새밭에서
- *84* 맛을 혀에게 묻다
- *85* 연가2

계단	*86*
삶의 내역	*87*
메주	*88*
두 번만 살아도	*89*
수학으로 푸는 인생 2	*90*
섬	*91*
깃털 하나가	*92*
골목시장의 자본	*93*
등안표	*94*
화우	*95*
풍경	*96*
생각의 패션	*98*
연꽃	*99*
톱에게	*100*
일기, 2019년 6월 26일	*101*
봄앓이	*102*
무를 생으로 먹다	*103*
파지 아닌 과지	*104*
운명 2	*105*
위험한 비밀번호	*106*

3부

109 징그러운 것들
110 개미허리
111 짝사랑
112 말복
114 뿔
115 무의식을 의식하다
116 조용한 반란
117 모월 모일
118 걸신 든 문명
119 옆
120 풍선
121 오월의 상견례
122 가물어도 메마르지 않던
124 수학으로 푸는 인생3
125 응급조치로 외투를 사다
126 아파트
128 바느질 중에
129 망년
130 농담처럼
132 화장
133 3호선

그대, 가을 *134*
껌 *136*
자화상 *137*
동병상련 *138*
시계방에서 *140*
세상 너머로 *141*
아픈 것이 아픈 것만은 아닌 *142*
8 *143*
타인 *144*
길 찾는 법 *145*
9 *146*
적요 *148*
음지 *149*
보이지 않는 별 *150*
과대포장 *151*
정의에 대한 추억 *152*
몸살 중 *154*
파이(π) *156*
겨울산 *158*
탈바꿈 *159*
햇살 맑은 날 *160*

김광수 | 시인과 시, 삶과 죽음의 무위자연 *161*

1부

날개

나뭇잎이나 갉아먹는
애벌레였습니다

세상이 조금쯤 보이기 시작할 즈음
체액을 뽑아내어 꽁꽁 둥지 틀었습니다

긴 잠 속에서 자랐습니다
잎 대신 꿈을 끼니로 삼았습니다

한동안 면벽 후

껴안고 있던 어둠
단단한 껍데기를
온몸으로 깨고 나왔습니다

훨 훨

나,
비상합니다

나비라는 이름을 얻었습니다

유리잔

가벼운가 천박한가
손끝만 닿아도 깨어질 듯 안겨들 듯
아슬아슬 도발적인

품에 들어오는 대로
빨갛게 노랗게 파랗게
몸을 바꾸는

추락하더라도, 쨍그랑
환하게 햇살을 튕기며 부서지는
깔깔 웃으며 허물어지는

포도주에 취하곤
스스럼없이 몸을 열어 짙은 겨울에도
달콤한 봄바람을 풍기는

그녀를 평생 사랑하였건만
사랑 한 번 받지 못한
한 남자가 뚝배기로 맹물을 들이킨다

오랜 둥지

나무 하나 기우뚱 쓰러지기 직전이다

태풍이 지나간 것도 아니고
벼락이 내리친 것도 아니고

곧게 자라는 게 본성인 나무가
저토록 아득히 기울어져 있다니

이리저리 들여다보니
숭숭 뚫린 구멍과 처진 주름들
그렁거리는 숨소리

개미에게 먹이를 나누어 주고
새들에게 쉼터를 펼쳐 주고
다람쥐에게 놀이터를 깔아 주느라
낡고 삭아서
기름기 한 올 없는 몸

조로증을 앓고 있는 나무
폐렴까지 걸렸다

동백꽃 떨어지다

끝까지 가지 않고 중간에서
뛰어 내린다
목숨의 벼랑으로

생로병사의 뻔한 길 뿌리치고
병들지 않은 채 임종한다

하늘이 허락한 죽음
죄짓지 않는 자살

머물렀던 자리 깨끗하다

약국에 약이 없다

엎어져 무릎이 깨어졌어요
무슨 약 바를까요
흉터 안 남는 약으로 주세요

마데카솔, 여기 있어요

가슴 속 상처를 지우는 약도 있나요?

시간이란 약이 있긴 합니다만
팔 수가 없어요
살 수도 없구요
손님만 조제할 수 있어요

약국 주인이 애틋하게 바라본다
무거운 삶을 지고 가다 넘어져
무릎과 가슴을 다친
어느 누구의 어미고 딸이며
이웃이고 친구인
쇄골이 늪처럼 움푹 팬 여자를.

입

구멍 하나
둥둥 떠다닌다

꽃잎에 앉기도 하지만
똥 덩이에도 앉는다

옳은 것을 외치기도 하고
소문을 퍼 나르기도 하고
우라질 것들을 욕하기도 하고
구린내 나는 것을 감추기도 하고
울컥 내뱉기도 한다

소가 되새김질 하듯
덜 소화된 독백을 삭히기도 한다

떠다니다가 제자리로 돌아오건만
들어앉을 얼굴을 찾지 못한다

너무 늦어버린 침묵

구멍 뚫린 얼굴이
둥둥 떠다닌다

작지만 거대한

땅위에 개미떼들 몸이 닳도록
먹이를 나르느라 씩씩대건만
땅 속은 조용하고 아늑하다

한 쪽에 식량을 차곡차곡 쌓아두고
옹기종기 여물어가는 알들 숨소리 자욱하고
올망졸망 애벌레들이 고치를 짓고 있다

땅 속 깊은 곳
무덤이 아니다
생의 정점이다

땅 안팎으로 이어진 길
목숨의 대동맥이다

심장이 몸체보다 더 큰 미물이
산을 뚫어 집을 짓는다

산이 무너져도
무너지지 않는 둥지.

잠 못 이루는 밤에

잠은 나와 동침을 꺼렸다

내 몸에서 쩐 냄새가 나는가
야들야들한 잠옷으로 갈아입어야 하나
단추 한두 개는 풀어 두어야 하나

잠은 나를 포옹하지 않았다
등 돌리고 눈치만 살폈다

눈치 빠른 게 탈이었다
낮, 햇살 속을 질척질척 돌아다니느라
지친 몸 쉬라고 나를 피했다

햇살도 따뜻하지만
어둠이 감미롭고
잠은 매혹적이라
달콤한 입맞춤을 기다렸건만

끝내 잠은 나보다 먼저 잠들었다

연가

그대 언저리까지는 왔습니다만
가슴 속에 들어앉기는
제가 너무 두껍고 거칠어
한동안 좌선해야겠습니다
무게를 덜어내고 모서리를 깎아
가볍고 부드러운 발걸음으로
그대 몸속으로 들어가
소용돌이를 지우겠습니다
가슴 속에 회오리 없는 것 있을까마는
그대 가슴은 우달리 연약하여
빨리 지우지 않으면 상처가 되니
저는 어서 저를 다듬어
그대의 노래가 되겠습니다

냇가에 앉은 작은 바위 하나가
무심히 흐르는 물에게 조곤조곤 속삭이고 있었다

우문현답

급히 화장실을 다녀온
아이의 팬티가 젖었다

왜 옷에 쉬했어?

이유가 있어요

이유가 뭐니?

쉬가 마려웠어요

어린 아이도 살다보면
때를 놓치는 걸
오줌 좀 지렸다고
다그치는 엄마
할 말이 없다

그림자

앞에 우뚝 서 있는 도는
우줄우줄 뒤따르는
짙은 허상

빛이 선명할수록
어둑한

빈껍데기
버릴 수는 없는

분신이건만
나란히 걷지 못하는

떼어내려면
어둠 속으로 들어가야 하는

해가 정수리에 닿는 순간
잠시 자취를 감추곤
어김없이 다시 나타나는

형체만 있고 색이 없어
반신반의하는 동행.

낮, 고요 속에서

무슨 소리가 어디선가 흘러나온다
껌껌한 티브이 화면 속 이미 끝난 드라마의 후속 편인가
냉동고 속 얼기 직전 고기 살점이 내지르는 신음인가
화분 속 시퍼런 소철을 떠받치는 뿌리의 지친 숨결인가
사방 벽 속에 스며들어 투덜대는 낡은 습관인가
천정 위 웅크리고 있는 윗집 노인의 기침인가
거실 바닥에 엉겨 붙어 버둥대는 발자국인가
거리를 나돌다가 집안으로 쳐 들어오려는 소문인가

그 모든 소리를 듣고 있는
내 몸속 예민한 귀 하나

쏟아내지 못하고
담고만 있어 곪아가는
육신의 잡음들

창 활짝 열고
바람 몽땅 끌어들여
활활 털어낸다

자가 치료

감기몸살에 체증이 심해
출가한 딸집으로 파고들었다

따뜻하게 누울 자리를 깔아주고
서툰 솜씨로 죽을 쑤어주는
자식 가슴이 다칠까봐
통증을 그대로 내색할 수 없어
내 집으로 다시 건너왔다

마음껏 아프려고
신음을 삼키지 않고 실컷 토하려고
빈집으로 돌아와
내가 나를 껴안고 오래 앓았다

홍시와 까치 그리고 바람

그대의 연인이 되려하건만
내 몰골이 말이 아니오
단맛에 파묻혀 쪼글쪼글 일찌감치 시들었으니
이를 어쩌오, 밥이라도 되려하지만
이리 여위어 살이라도 드릴 수 있겠소

홍시가 애절하게 바라보건만
까치는 수행 중
가지 꼭대기에서 허공을 배우느라
귀에 눈에 드는 것 없으니
사랑도 밥도 염두에 없으니
지나가는 바람이 안타까워
까치를 흔들어 깨운다

까치야, 까치야,
까치밥 잡아먹고
씨는 남겨
두고두고 연인으로 배웅하거라.

물의 눈으로

물뿌리개 속 물방울들이
구멍을 통해 밖을 나다봅니다
세상은 작고 낮은 소인국입니다

물뿌리개를 든 손이 아주 큼직하더라도
소인배임에 틀림없습니다

물을 흠뻑 마시고 기지개를 켤
화분의 나라가 대인국입니다

꽃 한 송이가 사람보다 큽니다

헝겊

바지 가랑이 밑동을 싹둑 잘라
팔부 바지로 수선한다

잘려 나간 밑동을 쓰레기통에 쑤셔 박는다

얼마 후 부스럭거리는 소리

어느새 쓰레기통 밖으로 기어 나와
제자리를 찾아 두리번거리는
바지 아닌 헝겊

한동안 땅을 질질 끌고 다니며
멋 부리던 기다란 가랑이

옛 유행은 사라지고 다시
밀려온 유행에 휘말리어
주저없이 거세당한
부분이 이전엔 전부였다고
상처를 들이대며 하소연해도
가차없이 폐물로 버려진다

쓰레기가 자꾸만 늘어
금방금방 쓰레기통을 비운다

두고 온 전화기에게

너를 두고 나와 아차! 놀라고
잠시 당황하고 한동안 허전하더구나

너는 더 황당할 지도 몰라
안부를 두드려도 문을 열지 못하고
소식을 들어도 화답할 수 없고
급한 비보를 전할 수 없어 안절부절못하고

그런데 말이야
네가 없는 내 근처가 문득 조용하여
가슴 한 쪽에 빈 터 돋아나 도심 속 오솔길 같더라
어쩌면 너도 한동안 다리 뻗고 쉴 수 있겠지

널 떠난 나는 지금 가뿐해
세상살이를 놓지 못하던 눈길 창밖으로 돌리니
봄이 저만큼 걸어오는 듯
산이 움찔움찔 엉덩이를 들썩이고 있어
나는 그 산의 절간에 든 기분이야
아주 평안하거든.

나이 드는 법

살아온 햇수를 들먹이지 말고
위아래를 따지지 말 것

어린애처럼 당돌하진 않더라도
가끔은 맞부딪칠 것

철학은 접어두고
시집을 머리맡에 둘 것

중심에서 떠들지 말고
주변에서 귀 기울일 것

냉소 섞인 말 대신
온기어린 침묵으로 곁을 다스릴 것

어제 밥값을 내었더라도
오늘 밥값을 선물할 것

그러다보면
들숨날숨이 싱그러워
노인은 없고
세상을 오래 살아온
청년으로 남으리니.

이별, 그 즈음

그가 너를 배반한 게 아니야
네가 그를 보내지 못한 거지

가려는 사람 붙잡아 놓곤
이미 떠난 마음을 되돌리려는
악착같은 손과 눈

그에게 다른 애인이 생긴 게 아니야
네가 그를 아직도 애인이라고 우길 뿐

떠나보내야 해
잡아둘수록 배반은 크고
끝내 적으로 돌아서리니
등을 밀어서라도 보내야 해.

내리사랑

배 가죽에 주렁주렁 무거운 젖통을 달고
젖통에 매달린 새끼들 거느리고
비스듬히 누워 낮잠을 청하는
비쩍 마른 개

젖을 끊을 쯤엔
밥그릇에 밥을 새끼들에게 먼저 먹이느라
허기를 견디며 기다리다
남은 밥 바닥까지 훑어 먹는

젖먹이 짐승은 슬프다
어미가 되어

어미가 기댈 곳이라곤
땅을 딛는 네 발

두 발로 걷는 인간은
더욱 기댈 데가 없는

새끼 품는 짐승들, 그리고 인간들
허공마냥 허허롭다

새는 허공에라도 몸 부비며 살지만.

자책골

하이고, 바보야
알맹이만 내보이면 안 돼
포장을 근사하게 홍보를 넘치게
이름 외에 호까지 달아
이력서가 빽빽해야 뽑히는 거야
알맹이조차 허술하면서
무슨 배짱으로 시험장에 뛰어 들었니
떨어질 게 뻔한데

그래도 괜찮아
번지러한 껍데기로 순서를 매겨
탈락되었다면
신경 쓸 것 없어
좌절할 것도 없어
지금껏 해 온 그대로
알맹이를 다지고 익히면 되는 거야
그게 일등 자리야.

물때

참 이상한 일
그 맑은 물 어디에
찌꺼기와 얼룩이 숨어 있었기에
물을 담은 주전자 속이 미끌미끌 지저분하다니

보이는 게 모두가 아니라서
청청 호수의 바닥은 얼마나 더러울지
해맑게 웃는 그대 가슴 언저리는
또 얼마큼 그늘 짙을지

어찌하든 믿지 못하게 된 물의 얼굴

아마 그럴 수도 있겠지
흘러가야 하는데 흐르지 못하여
불편하고 지겹고 불안하고 허전한
심상들이 덕지덕지 눌어붙어
때를 쌓았을 수도

그렇더라도 이상한 일
진흙탕 물을 가만히 두면
절로 우러나 고이는 맑디맑은 물

진흙을 가라앉히는 그 고요한 힘은
또 어디에 숨어 있는 물의 속성인지

그대 눈물 또한
절망을 가라앉히는
진흙탕 물일 지도.

만개 중인 벚꽃

보소, 그 처자는 위험하요
가까이 가지 마소
먼데서 바라보면 요조숙녀 같지만
청초하기도 하지만
지긋이 들여다보면
홀랑 뒤집은 몸
요염하기 그지없소
첫눈에 반하여 그녀에게 푹 빠져
헤쳐 나오기 쉽지 않으니
넉넉히 거리를 두고 보소
봄바람에 겨워
껴안고 입 맞추고 싶으면
차라리 목련에게 가소
청상과부로 꽁꽁 닫은 몸을
뜨겁게 거두어 주소.

살아 있다는 것

홀로
밤
고요 속에서
속죄하는 죄인마냥
고개를 무릎에 파묻고
어둠에 깊이 침잠하는 일

숙인 고개가 저려
얼굴을 드는 순간
창에 걸린 또 다른 얼굴을
낯설게 들여다보며
이마에 낭자한 어둠을
털어내는 일.

터지지 못하는 상처에게

아프면 아프다고 말해라
듣는 둥 마는 둥 하여도
자꾸 징징거려라
그래도 손길 내밀지 않으면
조금 아파도 많이 아프다고
엄살을 떨어라
그러는 동안 너 스스로 일어서고
일어서야 네 주위도 너를 돌아본다

감 한 알 뚝 떨어진다
떨어져 죽은 듯 웅크리고 있다
살펴보니
새가 쪼아 먹은 자리
손톱만큼 생채기 났다

더 잡아먹히기 전에
추락하여 몸을 도사리는
한낱 열매도 엄살을 떨거늘
아픈 네가 심히 아픈 네가
세 끼 밥 꾸역꾸역 삼키곤
안 아픈 척 미련하게 웃고 있다니

오래 웃으려던
지금 울어서 터뜨려라
아프다고 너무 아프다고.

예순아홉에

어스름 골목 안
아직도 숨바꼭질에 혼이 빠진 아이를
부르는 엄마의 목소리

덕아, 어둡다
밥 먹자
얼른 들어오너라.

봄비

먼 산을 무릎 꿇리고
바다를 주저앉히면서

가물가물

본색을 감추는
조금은 불순한 것

한 겹 넘어온 세월이
돌아온 구비 되돌아보면서

서성서성

지나갈까 머물까
약간은 의심스러운 것

우산을 쓰고 가는 봄
등 뒤로 따라가는 길

길이 길 아닌 듯

아른아른.

무심

송사리를 낚아 올리곤
놓아주고
숭어를 끌어 올리곤
다시 놓아주는
반편 같은 낚시꾼이 있었습니다

그 등신은
바다를 거닐려
세월을 산책하려
바늘에 지렁이를 꿰었을 뿐
잡아 올리는 데는 뜻이 없었습니다

무위도식이 낙이었습니다

반벙어리

따지면 모질다 하고
더듬거리면 우유부단하다 하고
우물쭈물하면 무심하다 하여
아예 목소리를 버렸습니다
그런데 이게 웬 일입니까
버린 목소리가 어딘가로 숨어들었다가
밤이면 웅성웅성
할 말 못할 말 늘어놓습니다
잠을 이룰 수가 없어
목소리를 찾아 와야겠습니다
소음은 밖에서 일어나는 줄 알았더니
내가 버린 내 목소리였습니다

반쯤 되찾은 목소리

알 듯 모를 듯 대답이 시원찮은
나는 반벙어리가 되었습니다

시래기

쓰레기가 아니다
시래기다
벌레가 갉아먹은 흠집
시들어 생기를 잃은
그러나 썩지는 않은
배추의 겉잎
속잎을 지키느라
지쳐 축 늘어진

시래기마냥 후줄근한 노모가
국을 끓인다
된장 몇 술로 조물조물
멸치 국물 함께 우려낸
한 사발 진미
온전치 못하여
자칫 쓰레기가 될 뻔한
배추의 환생

절망하지 마시라
그대 절망을 마시고
무릎 세우는 또 다른 절망이
그대를 일으켜 세우리니.

골목

가난이었다
땟거리에 빼앗긴 엄마 아빠를 기다리느라
길게 늘어진 아이의 곡 줄기

개가 똥을 싸대고
어린 손주를 재우는 할머니의
자장가가 새어나오는

낮은 담벼락으로
민들레 넘나들고
제사떡이 오고가는

풍요였다
붕어빵 하나로도 배를 채우는
가장의 늦은 귀갓길

점점 여위어 등골만 남은 도심의 서정이여.

못 떠난 여행

세면도구와 옷 몇 벌
멀미약과 전화기를 챙겨 넣곤
문밖을 나섰습니다

몇 발짝 뒤
무언가 뒷덜미를 끌어당겼습니다

무엇을 놔두고 왔나

아차, 난!

서둘러 돌아가서
한껏 물을 주곤 다시 나왔습니다

또다시 등을 돌리는 것
미처 챙기지 못한 차비였습니다

여행은 그렇게 시작되었습니다만
이내 되돌아왔습니다

배낭을 두고 갔기 때문입니다

담쟁이

기어오른다
자꾸만 오른다

그러나 넘어서지 않는다
창안을 기웃거릴망정
비껴 지나가고
담 너머 길을 곁눈질허도
뛰어내리지 않는다

기어오르면서
한여름 싱싱하게 맥박이 뛰고
겨울에 정갈히 박제된다

뼈만 남아도
지나온 길 선명하여
이름을 기억한다

콘크리트 벽이 돌담을 무너뜨려도
가던 길 그대로 벽을 타고 오른다

삶의 다이어트

그래, 살을 빼고
등골만 남기자

말을 지우고
치장을 떼고
내일까지 버려
피골이 상접한

그러나
바람으로 여윈
갈대를 닮으려
바람 속으로 급히 내닫다가
등뼈까지 부러지다니

함부로 다이어트를 하여
거식증을 앓다니

말 대신 침묵을
치장 대신 알맹이를
내일 대신 오늘을
천천히 씹어 삼켜

건강하게 여읜다면

그래, 등골은 남기자
살을 빼더라도.

어느 흐린 날에

그 날이 그 날이야, 푸념하며
심심해서 바다를 만나러 갑니다

천지개벽이 없는 한
그 자리가 그 자리인
바다는 더 심심합니다

수십억 년 세월 앞에서
백 년도 못 넘길 세월이
더 오래 살 것처럼 칭얼대다가
돌아오는 길에 다시 바다를 만납니다

서릿발 파도 하얗게 덮어 쓴 할머니
폐휴지 가득 채운 수레를 시름시름 끌고 갑니다

땅 위에 바다 한 분
막막한 섬 하나 품고 삽니다

세월

어디 가느냐고 묻지 마세요
나에게는 목적지가 없어요
그저 흘러갈 뿐이예요
나를 타고 가는 그대가
내리는 곳이 도착지인 걸요
운전사도 노선도 티켓도 없는 나를
무임승차하여도 괜찮아요
다만 차창 밖을 유심히 내다보세요
그대가 닿을 곳을 알리는
푯말이나 풍경, 거리를 놓쳐서는 안 되니까요
나에게 어디쯤이냐고 묻지 말고
그대 스스로에게 물으세요
그대조차 답하지 못하면
지금이라도 내려 선 자리를 둘러보세요
선 자리가 제자리가 아니면 다시 타세요
나는 아무 때나 아무나 승하차시키니
그대가 내리고 타는 그듯이 정거장인 걸요.

연두의 항변

초록은 동색이라 하지만
깊이 들여다보십시오
같은 듯 같지 않은
색감과 그늘을 보실 겁니다
연하고 짙고 깊고 얕은
미묘한 차이가 묻혀 질 듯
그러나 생생이 제 빛을 발합니다
나는 어린 초록이 아닙니다
다 자란 연두입니다
녹음으로 가는 길을 열어 제치는
손목이 단단한 새싹입니다

초록은 동색이라 하지만
온갖 초록이 모인
봄산을 걸어 보십시오
하나하나가 제 색입니다
어울러 다닌다고 저희를
한통속으로 넘겨짚지 마십시오
본바탕이 조금 비슷할 뿐
나는 나고 너는 너입니다
강이 온통 푸르지 않듯
닮아도 다르게 흘러가는
각각의 이름입니다

꽃샘바람. 사춘기

어제 거친 빗줄기 꽃괘를 내리쳤다

오늘 시린 바람이 꽃망울 후려친다

일렁이고 흔들리면서 등뼈 실하다

꽃을 괴롭히는 바람이 꽃을 바로 세운다

삼월, 온 천지에 난만한
죽비 때리고 닿는 소리.

참새

날개 죽지가 지친다
땅을 박차고 비상하느라
허공을 뚫고 날아가느라
길을 허물고 가지에 앉느라

주둥이가 고달프다
이른 아침 공양을 드시느라
공양 후 트림하느라
주전부리 바람을 마시느라
앉을 자리를 내준 나무와 말 섞느라
심심함을 달래며 노래 부르느라
참선에 들어 침묵을 씹느라

날아야하기에 살을 지우고
노래해야하기에 배통을 키워
솔방울 같은 가슴팎에 찰랑찰랑
음표가 마르지 않는
온몸이 저린다

저린 몸 서리서리
천지간을 떠들며 선율을 잣는
작은 시인이 빨랫줄어 앉는다

출렁!
온 세상이 오선지다

자문자답

당신이 사는 곳이 어디요?
부산시 수영구 광안로 12길입니다

주소 말고 사는 데 말이요
……………………

말귀를 못 알아들으시네
현재 머물고 있는 자리 말이요

아, 네, 제가 살고 있는 곳은
'지금 여기'입니다

상영 직후 극장 안으로

주저 말고 어둠 속으로 들어가렴
깜깜하지만은 않단다
두 눈 활짝 드고 찬찬히 기다리면
어른어른 허공이 열리고
흔들흔들 바닥이 발목을 당기고
두런두런 사방이 깨어나고
네가 찾는 자리가 어렴풋이
나, 여기 있어요, 손짓한단다
너무 밝아 눈부시어 놓쳐버린
시간까지 되찾는단다
아무튼 씩씩하게 들어가렴
어둠이 별 거 아니란다
한동안 동공을 가리는 장막일 뿐
네 시력을 믿으면
보인단다 어둠의 결까지
빛 속에선 안 보이던 빛까지.

지금은 봄인가 여름인가

오월에 낮이 깁니다
햇살 두터워지자 여름이 덜컥
봄을 떠밀고 들어서는 바람에
시간이 주춤 방향을 잃습니다

더위가 빨라졌습니다
칠월쯤 다디달게 붉은 수박이 미리
제 몸을 익혀 부랑하게 해 걸음을 뛰어넘습니다

언제부터인가 소나기 사라지고
무지개가 오리무중인 까닭은
일월日月이 앞서거니 뒤서거니
갈 길을 다투기 때문입니다

앞서 가세요 뒤 따라갈게요
순순히 길을 내어주던 사계가
뒤죽박죽 엉키어 길목을 가로채는 서슬에
오월에 땀띠가 돋습니다
감기가 채 가시지도 않았습니다

2부

낙타

너는 네가 마실 물동이를 등에 진만큼
나그네를 태우고 짐을 나르고

그 물동이 때문에
사막을 걷고

태어나기 전부터
운명을 순순히 받아들여

말보다 소보다
더 고독한 너는.

부재 아닌 부재 중 전화

○○○ 계세요?
그런 분 없습니다

○○○ 아니세요?
잘 못 걸었습니다

번호가 바뀌었나
이주를 했나
병상인가 아니면
오지로 여행 중인가

당신 어디 있어요?

내가 나를 찾으려
홀러덩 나를 뒤집는다
없다, 없을 수밖에

어쭙잖고 가당찮은 내 이름을
길거리에 버리고 왔음으로.

자유인

책을 모두 불태워야 한다는
조르바의 말은 맞다

많이 읽어 혼동되는 것들
잘못 알아 핵심을 놓치는 것들
뇌를 채우느라 가슴을 마르게 하는 것들
의혹을 더하고 갈등을 부추기고 진실을 덮는 것들

기역자도 모르는 촌로는
바람과 햇살, 나무와 꽃에서 덕담을 따고
가지에서 가지로 옮겨 앉는 새에게서 천둥번개를 듣고
고상한 상형문자 대신 험한 육두문자로
옳고 그름을 단번에 가르마 짓는다

꾸미고 과장하여 애매모호한 것들
왜곡되어 자꾸만 변질되는 것들

입 아닌 몸으로 살았던
조르바는 언쟁할 일이 없었다

버린 것이 버린 것이 아닌

집 안팎 어디서나 거들떠보지 않는다
쓸모없는 것들의 하치장

한 노숙자가 낱낱이 파헤친다
담배꽁초를 건져 올리고
먹다 남은 과자를 집어 든다

쓰레기더미 속에서
꽃이 필 리 없지만
굶주린 얼굴에 잠시 돋아나는 꽃

버린 것이라고
모두 버려진 것은 아니다

한 아낙이 급히 뒤진다
모르고 버린 신발 한 짝 찾으러.

사랑하거나 말거나

갈래?　안 가
있을래?　아니
그럼 어쩔래?　몰라

섬은 묵묵히
바다는 서성서성.

운명

예고 없이 불쑥 찾아들어
많이 놀랐습니까?

사실은 그대 곁에 있었습니다만
그대가 날 챙기기는커녕
모른 척 지나쳤기에
'문득'이 되어버렸습니다

나 '문득'은
갑작스런 것도 아니고
당연한 것도 아닙니다만
그대가 초대하여야
손님으로 다가갑니다

나를 불청객으로 내쫓지 마십시오
언젠가는 다시 찾아들 방문객입니다

시가 못되는 시

날뛰지 마라, 날것도 추락한다
설치지 마라, 설익은 것이 떫다
잡지 마라, 잡은 것이 누추하다
놓치지 마라, 놓친 것이 귀하다
서둘지 마라, 서는 서 동은 동이다
휘말리지 마라, 휘두르는 것이 혀다
앞 다투지 마라, 앞이 벼랑이다
뒤처지지 마라, 뒤도 벼랑이다

표절인 듯 인용인 듯
직유와 은유가 뒤섞이고
말을 꼬고 주물려야
그럴듯한 모국어

난감하고 난해하여
펜 끝에서 헤매는
자음의 목소리
모음의 침묵

덜 여문 노래여.

효자손

늘 곁에 있는 막대기가 효자다

노모의 손이 닿지 않는 등을 긁어 드리니
그만 둬라, 이게 더 낫다, 하시며
버릇처럼 막대기를 목덜미 속으로 집어넣으신다

바쁘다며 간혹 찾아드는 자식
막대기만도 못하여
쓸쓸히 병원을 나서는 길에
새삼 손을 들여다본다

이 손으로 당신 가슴을 얼마나 후벼 팠을까

불효자 손은
가까운 다리조차 시원히 긁어 드리지 못한다

어제를 오르다가 멈추다

까꼬막을 한참 올라가면 거기, 찌그러진 집 한 채 있습니다. 집 뒤에 짜부라진 무덤도 있습니다. 누구의 무덤인지 몰라 아무나 걸터앉고 기대앉는 달동네의 변두리입니다. 마루 없이 방 두 칸에 부엌 하나, 금방이라도 쓰러질 것 같은 움막에는 할머니 엄마 아빠 언니 오빠 아우들 아홉 식구가 모자란 밥그릇 핥으며 비좁은 방에 뒤엉켜 잡니다. 나이는 꽃띠지만 꽃을 피우지 못하는 어린 처자는 그 집의 장녀입니다. 도시락은커녕 허기를 메꿀 빵 한 조각 먹지 못하여 부스럼을 달고 사는 열여덟 여고생, 그녀를 만나러 다시 언덕을 오릅니다. 숨이 찹니다. 연탄 다섯 개를 이고 오르던 그 길이 멀고도 험하여 오르다가 돌아옵니다. 그 시절 겨울은 혹독하게 추웠고 봄은 더 추워 망울을 터뜨리지 못한 사춘기가 아직도 웅크리고 있는 듯 가슴이 저려 다시 오르는 비탈길은 천길만길입니다. 언젠가 봄을 제대로 건너간 발목으로 먼 어제를 올라가면 거기, 집 한 채 무너져 내릴 겁니다. 집 뒤에 무덤도 가라앉을 겁니다.

꽃 같은 사람

빗속에서 거리를 헤매고 있었다

가게 점원인 듯한 청년에게 물었다

- 00초등학교가 어디쯤 있나요?
- 쭉 바로 가시다가 왼쪽으로 돌면 보입니다

비로소 방향을 잡고 직진 중
뒤에서 누군가 다급하게 불러 세웠다
그 청년이었다

- 왼쪽이 아니라 오른 쪽으로 도셔야 합니다

우산 쓸 새도 없이
내리쏟는 비를 노다지 맞으며
서둘러 달려와
길목을 고쳐 주었다

"이런 고마운 일이…"

예기치 않게 귀한 꽃을 만나면
저절로 허리 굽혀 어여삐 들여다보듯이
다시 급하게 뛰어가는 그의 뒷모습을
한참이나 지켜보고 있었다

빗줄기가 햇살마냥 눈부셨다

설탕과 소금

둘은 다르면서도 비슷합니다
너무 과하면 해롭지만
없어서는 안 되는 양념입니다

세상의 소금이 되라며
소금을 치켜세워도
설탕을 나무라지는 않습니다

국수를 비빕니다
적당한 양의 달고 짠 고추장이 어우러져
맛있습니다

'맛'을 사람으로 치면 '멋'아니겠습니까
지나치지도 모자라지도 않는 그대
멋쟁이입니다

허술한 듯 속 깊은
중용이 아름답습니다

하루살이

오늘이 마지막인 것처럼 살자 하면서도
불빛만 보면 달려든다

에프킬러에 쏘여
우수수 떨어지는 사체들

날개가 화근
죽어서도 파닥거리는.

희망, 절망의 불꽃

갑자기 먹구름 인다
오전 열한 시, 어둑하다
하늘 산 거리 지붕들 엉겨 붙어
비안개 속에 묻히고
금방이라도 비보가 날아들 듯 수상하여
등을 켠다

밖은 아직 점등 없고
내 방은 환하다

등 아래서 책을 읽는다
'인생론'은
절망을 가까이 데려다주곤
희망을 멀리서 지켜본다

등을 끈다
어둠, 밀어낼 것만은 아니다

등을 켜는 손길로
등을 끄는 순간
안팎이 통한다

잿더미 속에 불씨가 살아남듯
천지가 잿빛이라
벌건 불꽃이다

오후 여섯 시쯤
해 불거져 나오고
찬란한 저녁이다

빈 원고지

허튼 말 서툰 글이 무상하여 무심할 때
꽃이 서럽게 울고
새가 활짝 웃고
산이 흐르고
강이 머물더라
무엇보다 미움이 사랑이더라
그 모든 허상이 허상으로 옷을 벗을 때.

수학으로 푸는 인생

누가 보아도 둥근 탁자를
너는 끝가지 네모라고 우기구나
네모는 모서리가 거칠다 하니
둥근 것도 원래는 모서리였다고 고집하구나

삼각형이 사각형 오각형으로
오각형이 육각형 칠각형으로
....
....
무수한 각들이 스스로
각을 지워 둥글둥글
부드러운 원이라고

아하! 너는 본질을 보았구나
나는 현상만 읽고

네 환한 웃음도
모진 눈물로 다듬어졌음을.

옷걸이

외출 중

어깨 구부정
어디로 가셨나

이미 퇴출당한 일터
근방 벤치에 앉아
늦은 아침을 빵으로 때우시나

떨어져 나간 단추를
남은 단추 구멍으로 여미고
옛 친구를 만나시나

셔츠 깃 세우고
찬바람 이는 바다를
홀홀 거니시나

한 가장의 가난이
한 남자의 추억이
한 사람의 외로움이
옷장 속에 후줄근히 걸려 있다

목숨에게

힘 좀 남을 때 가야지
이승에서 다 쓰고
무슨 힘으로 저승길 걷겠나
그 길이 험난하다면
더욱 관절이 단단해야지
꽃길로 이어졌더라도
발목은 성해야 하니
지나치게 쏘다니지 말게
알맞게 굴리고 남은 몸
수의로 옥죄이지 말고
즐겨 입던 옷으로 갈아입고 떠나게
그래야 자네를 알아보고
다가오는 친구를 해후할 걸세
아무도 되돌아오지 않는 그 곳이
참 궁금하기도 하여
미지의 출발이 기다려지기도 할 걸세
거짓말처럼 말일세.

신경주역

황량하다

산으로 둘러싸인 벌판을 파헤치고 깎아
철근과 콘크리트 버물려 우뚝 세운 역사驛舍
둘레에 집이라곤 없다
타고 내리는 사람도 드물다

기차를 타러 오는 그 동안에
마음이 바뀐 연인 둘
여자는 남으로 남자는 북으로
헤어질 것 같은 정거장

간이역이 아니라 꽃밭이 없고
종착역이 아니라 분수대가 없다

나, 언젠가 관절이 닳아
먼 곳으로 나들이 갈 수 없을 때
오리라, 이 쓸쓸한 역으로

고요를 길손 삼아 역내를 거닐다가
바람 몇 줌 담아 와
창가에 풍경마냥 걸어 두리라.

억새밭에서

바람에 뼈 있어요
몸도 있어요

봄엔 발목 축축이 아지랑이를 건너고
여름엔 어깨 죽지 흔들어 그늘을 짓고
가을엔 찬 이마로 뜨거운 단풍을 식히그
겨울엔 등 가득 눈송이를 지고 오지요

다만 뼈를 뼈르 다투지 않기에
몸을 몸으로 으기지 않기에

배를 업어 나르는 강물 같은 거지요
새를 품어 들이는 허공 같은 거지요.

맛을 혀에게 묻다

- 쓰면 내뱉고 달면 삼킨다 -
그럴 듯하지만 듣기 거북하여
- 달면 내뱉고 쓰면 삼킨다 -
바꾸어 들어도 불편하기는 마찬가지

무엇이 쓰고 단 지를 모르고
아무거나 삼키면 안 되기에
약에게 묻는다
쓴 맛이 무엇이냐고
사탕에게 묻는다
단 맛이 무엇이냐고

묵묵부답이더니

손가락으로 나의 혀를 가리킨다

연가2

새 울다 간 자리에
꽃이 먼저 피더라

꽃 진 자리에
새가 앉아 또 울더라.

계단

아래를 위로 끌어 올리느라
손목이 저리지 않느냐

위를 아래로 끌어 내리느라
어깨가 아리지 않느냐

너를 밟고 오르내리는 사람들
구둣발 아프지 않느냐

지친 길손들 미끄러지지 않게
너는 네 몸을 구겼구나

구긴 몸 팽팽히 풀면
한길 활짝 푸짐할 지라도

차량들 끼어들지 못해
신호등 없어도 안전한 길목

눈 오시는 날 너는
등 가득 굽혀
아이를 업어 모시는구나.

삶의 내역

응, 알았어, 또 연락하마. 뭐라고? 안동댁이 아프다고? 남편도 아픈데 그 집 큰일 났네, 너도 몸조심하거라, 내 걱정은 말고. 응, 그래, 끊자. 어디 간다고? 출장이 잦네, 돌아오면 곧 연락하거라. 밤이 깊다 어서 푹 쉬거라. 참, 보내준 김치는 받았냐? 끼니 거르지 말고 잘 챙겨 먹거라. 잘 먹는다고? 아무렴 그래야지, 이제 끊자. 응? 언제 집수리 하느냐고? 글쎄다 ··· ············
···
···

삶은
끊을 듯 끊을 듯 이어지는 전화 통화 같은 거

멀고도 가깝고 소소하면서도 대단한
멈출 수 없는 일상의 안팎에서
흐르는 목숨의 고백과 독백 또는
누군가에게 전하는 낡은 안부 같은 거

어쩌면 끝내 묻어두는 비밀 같은 거.

메주

푹 삶아 찧어서
콩의 모습을 무너뜨리고
한동안 숙성해야
간장 된장으로 태어나는

문드러져 썩어서
맛으로 환생하는
푸른곰팡이
다시 콩이여.

두 번만 살아도

가보니 별 거 아니었습니다

어둔 밤 지나면 아침 아니더냐
네, 아침이었습니다
먹구름 뒤 하늘 맑지 않더냐
네, 맑았습니다
겨울 끝에 봄 찾아오지 않더냐
네, 찾아왔습니다
그러면 어서 세상으로 되돌아가거라

업경에게 쫓겨나
다시 살아 깨어나는 아침
창에 맺힌 새 소리 영롱하고
빗물에 절어 얼룩진 땅
햇살이 말갛게 씻어 말리고
빈 가지에 꽃망울 돋아나
시든 마당이 생기를 머금고

다시 가보니 날마다 별 거였습니다

그제야 저승길 곁어주는 염라대왕님.

수학으로 푸는 인생 2

어제 종일 비 쏟아 붓고
오늘 능청스레 눈부신 햇살

한낮, 무사한 거리
사이렌을 울리며 달리는 앰뷸런스

저물고 있는 수국 더미 사이로
갓 돋아나는 황매

무언가 엇갈리는 시간
흔들리는 공간

알 수 없는
꿈과 현실의 내각 또는 외각
둘을 이어주는 변

보조선을 끌어내어
모르는 각과 변의 길이를 알아내는
기하학 같은 인생

숨은 보조선을 찾아서…

섬

청색 골고루 적신 붓으로
먼지 쓸어내듯 조심조심
바다를 펼치는 중에
푸드덕 날아오르는 갈개기에 놀라
움찔!

뚝 떨어진 물감 방울

바다 한가운데 옹이가 패였다

깃털 하나가

내 몸이 가벼워
떨어져 땅에 부딪쳐도
아프지 않을 거라구요?

그래요, 단번에 추락하여
부서지고 싶어요

몸피만큼만 무거워
쉬엄쉬엄 낙하하는 동안
바람 날이 허리를 찌르고
허공이 가슴을 눌러
숨이 막혀도 멈출 수 없는 고행
얼른 종말에 닿고 싶어요

바싹 마른 몸
군데군데 생명줄을 꽂은 채
중환자실에 갇혀
끊어질 듯 이어가는 여생
뛰어내리지도 못하고 발끝만 벼랑에 걸친
저 아찔한 목숨을 어찌 하나요

이미 삶에서 벗어난 몸
가벼워 너무 무거워요.

골목시장의 자본

콩나물 천 원어치 주시요

천 원어치는 안 팔아느
이천 원이 기본이요

그럼, 이천 원어치 주세요

콩나물시루에서 한 줌씩
뭉텅뭉텅 뽑아
비닐봉지에 담는 할머니

조금만 주시면 됩니다

듣는 둥 마는 둥 아낌없이 담는다

남아돌지도 모를 콩나물
무겁게 들고 오는 동안
천 원어치 남은 콩나둘들
식솔에게 먹일 양식을 산다

날마다 돈을 헤아리는 난장
천 원어치를 안 팔아 간혹 시들기도
이천 원어치를 사서 종종 썩어 버리기도.

동안표

어느 고인의 비석

김 00
1946년 — 2010년

삶은
외줄 한 오라기

" — "

화우

맛있게 먹기 위해
맛있는 먹이 주고 마블링을 살찌운다
질 좋은 사료와 안락한 잠자리
온몸 마사지에 반지르르 털도 빗겨준다
잡아먹기 위해 무릎 꿇고 어루만져 보살피고
잡아먹히기 위해 앉아서 호강한다

접시에 농염하게 누운 고깃덩어리
식탁에 둘러앉은 고급스런 허기들

약육강식이 아닌
강육약식 아닌가

세상이 거꾸로 처박혔다
물구나무서야 바로 보이는 세상.

풍경

예순 남짓한 딸이 요양병원에 내맡긴 노모를 찾아왔다
엄마, 병원비 내고 왔소, 팔십삼만 원이나! 제기랄, 비싸기도 하지
엄마, 짜증내는 거 보니 아직 살아 계시네
엄마, 손톱은 왜 그래요, 또 물어뜯었네
엄마, 공장 가랴 병원 오고가랴 나도 몸살 났소
엄마, 명호 녀석이 또 일 저질렀나봐, 문자가 계속 오네, 지랄같이
엄마, 다음에 호박죽 끓여 올 테니 나누어 잡숫소

노모를 야단치듯 훈계하듯 목소리 쩌렁쩌렁하건만
말 할 때마다 '엄마'를 부른다

맞은 편 병상에 누운 동갑의 할머니 조용하다
발치에 우두커니 앉은 중늙은이 딸도 조용하다

침침한 병실을 한동안 시끌벅적 뒤집곤
바쁘다며 훌쩍 떠나는 딸을 두둔하는 아흔셋 노모
내 딸이 성격은 괄괄하고 욕도 잘 하지만
맘씨는 안 그렇소, 다들 이해하소

아이고, 괜찮소, 딸이 밝고 쾌활해 좋소
할머니들 손사래 친다

돈이 없어 싼 것 샀다며
노동에 찌든 거친 손으로
환자마다 보호자까지 나눠주는
바나나가 달콤하다

생각의 패션

치마 밑으로 레이스 달린 속치마가 삐져나온다
치켜 올려도 고무줄이 느슨한 속치마는 자꾸만 흘러내린다

그러다 문득

보이면 어때서
치마는 치마일 뿐
겉과 안이 뭐 그리 다르다고

흘러내리는 속치마를 그대로 둔다
원래 그렇게 입는 패션처럼

앞서 가는 젊은 처자
엉덩이가 보일 듯 짧은 바지
거슬리지 않는다

보이면 어때서
허벅지는 허벅지일 뿐
맨살이 뭐 그리 부끄럽다고.

연꽃

질퍽질퍽 발걸음을 어지럽히는
진흙탕을 양동이 가득 내다버리곤
묻혀 있던 부처를 끌어내었다

귀를 막고 눈을 감고 있던 와불
귀를 열고 눈을 뜨며 일어나 앉는 동안
잃었던 한 사람이 돌아왔다
속세를 떠돌던 보살이 돌아왔다

진흙이 부여잡고 놓지 않는 신발을
진흙에게 내어주곤
맨발로 돌아왔다

부처는 원래 먼발이었다

톱에게

잘라낼 거 없다
그냥 두자
쓸모없는 것 언젠가 쓸모 있을 걸

불쏘시개도 못되는 아카시
무성한 채로 향을 피우고
벌에게 꿀을 퍼주어
차반을 풍성케 하니
버릴 거 없다
내버려 두자

개똥이 바삭바삭 익어
감 알을 키우고
흘린 빵 부스러기
개미가 배터지게 먹을 저녁이니
그 자리에 그냥 두자

다만 잘라내야 하는 건
네가 너를 무디게 하는
네 녹슨 이빨인 것을.

일기, 2019년 6월 26일

하루 종일 비

두문불출, 소주 한 병에 부침개 한 접시, 희부연 창, 창 너머 가라앉은 잿빛 하늘, 우연히 방안에 갇혀 이리저리 헤매는 날파리 하나, 어제 마시다 남은 커피, 읽다- 말다가 끝내 덮어버린 난해한 시집, 낙서마냥 버려진 파지, 눈에 보일 듯 스쳐 지나가는 순간순간들……………… 오늘의 삶 알갱이와 껍질들

빗줄기가 창 가득 쓸쓸한 시를 씀, 늦은 밤까지.

봄앓이

겨드랑이가 가려워 자꾸만 긁습니다
어디론가 떠나고 싶을 때는 더욱 근지럽습니다

사월, 천지사방 햇살 난만하고
바람 덩달아 이리저리 몰려다니는 날
무성한 벚나무 꽃비를 뿌리고
긁은 자리 붉게 부어오르는 중에
비둘기 하나 창가로 날아 앉습니다
앉자말자 부리로 어깨를 토닥입니다

까닭을 알 것 같습니다
새는 날개를 접느라 관절이 욱신거리고
나는 펼치지 못하는 날개가 자글거리는 거라며
시푸른 날개를 무수히 접었다 펼쳤다 펄럭거리는
파도에게 비상의 비결을 물으려
바다 한 바퀴 돌고 왔습니다

비둘기는 어딘가로 흘러가고
깃털 하나 떨어져 남았습니다

무를 생으로 먹다

무를 무채로 씹어 먹는다
양념으로 버물지 않은
생선을 곁들이지 않은
불에 익히지도 않은
생 것

그러나
무미無味가 아니다

뿌리가 삭힌
햇살 바람 빗방울 흙 서리 등등의
혀에도 없는 맛
맛없는 맛이 일품

무無의 삶도 이럴까.

파지 아닌 파지

주정부리는 아버지가 미워
몰래 바지를 찢고 구두를 버린 적 있다
찻집에 찻잔이 어여뻐 훔친 적 있다
사랑하지 않는 사람을 사랑하는 척
그의 열정을 시험한 적 있다
정의를 내세우고 외치면서도
불의에 눌어붙은 적 있다
남을 비방하면서 나를 옹호한 적 있다
계산에 무딘 척 내 몫보다 더 챙긴 적 있다
가을 아침이 하도 청량하여 출근길을 빠져나와
시외를 싸돌아다니곤 아파서 결근했다고
상사에게 거짓말 한 적 있다

가슴 속 앙금을 털어내어
그을음을 씻어내어
오늘부터 다시 살기 위해
기어코 시집 속에 들어앉을
부끄러운 고백들.

운명 2

올 테면 와라

두 다리를 건달처럼 벌린 채
목에 힘주며 각목 하나 들고
부랑하게 길을 막고 섰다

온종일 지키고 섰다

험상궂은 누구도 지나가지 않는다

지쳐 돌아오려는 순간
뒷덜미를 붙잡는 손

등 뒤 다른 길목으로 들어와
낚아채는 순간

일부러 마주칠 게 아니었다
모르는 사이
어쩌다가
나중에서야
알아채는 기척

미리 버티지 말고
갈 길 가야 했었다

위험한 비밀번호

자물쇠 배꼽 깊숙이
열쇠를 밀어 넣어 단단히 돌리면
철커덕, 열린다

꾹 꾹 번호를 눌러도
안 열릴 때가 있다
틀린 번호의 어김없는 거부

숫자가 판 치고
숫자를 늘리려 남의 집에 침입하여
칼을 휘두르는 위험천만의 세상을
방어하는 이중잠금쇠

열쇠 대신 핀 하나만으로도
자물쇠를 따서 살금살금 숨어들던
장돌뱅이 도둑은 기가 죽고
백주대낮에 살인을 저지르는 도심

철커덕, 쉽게 열리던 문이 꽁꽁 잠겨
강도들이 들끓는다

3부

징그러운 것들

바닥에 눌어붙어 떨어지지 않는 머리카락

반들반들 맨살 드러낸 너무 긴 뱀

한 올 흐트림 없이 질서정연한 벌집

쉼 없이 꾸역구역 먹이를 나르는 개미떼

기척 없이 미끄러지듯 담을 넘는 밤고양이

꼬물꼬물 제 몸을 구기며 기어가는 애벌레

어둠 속을 비집고 다니다가
불을 켜면 쏜살같이 달아나는 바퀴벌레

취중에 술집 작부의 젖가슴을 훔쳐보는 뻘건 눈
허벅지를 훑어 쓰다듬는 나른한 손

그 손을 뿌리치지 못하는 이미 시든 여자
자식 셋에 병든 남편 거두느라
창백한 입술을 짙붉게 감춘 채 웃고 있는
모질고 독한 삶, 아주 징글징글한.

개미허리

못 먹어서
안 먹어서

실오라기에 걸려도
뒤집힐 것 같은 몸

살을 찌워야 할
살을 지우고야 마는

닮은꼴이지만
극과 극으로 다른

가난의 실체
풍요의 그림자.

짝사랑

그가 가만히 다가와 물었다
혹시 뭘 잃어버리지 않았나요?

가방을 들여다보고
주머니를 더듬고
주위를 살펴도
있을 것 다 있었다
땅에 떨어진 것 없었다

문득 가슴 한 쪽이 서늘했다
풋풋하고 부드럽고 설레고 향기로운
그 무엇이 빠져 나간 듯

그가 조심스레 고백했다
떨어뜨린 걸 제가 주웠습니다

봄 한 조각을 주워 든
그는 오랫동안 머뭇거리고
그녀는 한동안 망설였다

말복

먹다 남긴 빵 오래 방치하여
곰팡이 슬어 버리는 날
영양탕 대신 삼계탕이라도 먹으러 가자는
권유 마다않고 닭 한 마리 먹어 치우곤
이 쑤시며 나서는 순간, 어슬렁
골목을 지나가는 개

폐가 약한 아버지는
집에서 키우던 개를 때려 죽여
삶아 고아 삼켰었다

누런 연기가 비릿하게 타 오르는
시커먼 가마솥만 보아도
구토를 해대던 여덟 살배기

수십 년이 지나도 기억은 모질게 남아
슬금슬금 개를 피하면서
이빨 사이에 낀 살점을 후벼낸다

개 대신 먹힌 닭의 잔해를
곰팡이가 눌어붙은 빵을 버리듯

입 밖으로 뱉어내니
혀를 늘어뜨린 개가 흘끔 뒤돌아보는 듯

우악스럽게도 뜨거운 한낮에.

뿔

겨누면 칼이고
삭히면 약이라네

벌겋게 달아오른 얼굴로 대들면
뿔따구 났거니, 한 치 뒤로 빠져서
기다리시게

스스로 열을 지우고 겸연쩍게 다가오면
얼른 악수를 청하시게

불씨는
잿더미 속에 도사리는 거

속속들이 식은 잿더미 속에서
날것의 뼈는 말랑말랑
한 그릇 보약으로 숙성하리니

뿔따구 난 그대
지금은 그대가 물러설 때
날 선 칼을 거둘 때.

무의식을 의식하다

오랫동안 검은 색을 탐했다
옷장 속은 온통 거무튀튀한 옷가지들

꽃다운 시절 비 올 때마다
찢어진 비닐우산 속에서 비를 맞으며
온몸을 가려주는 까만 박쥐우산을
밑창이 닳아 질척거리는 운동화를 흘기며
무릎까지 닿는 까만 장화를

비 오지 않는 날에도
잉크가 방울 채 떨어져 글자를 뭉개는 펜을 노려보며
연실 풀어지듯 줄줄 잉크가 새어나오는 까만 만년필을

똑똑히 기억하는 순간
아아, 그것들이었구나!
수십 년 동안 까만 것에서 벗어나지 못했던
이유를 알았다

이유를 알자
깊이 숨겨두었던 가난이 고개를 들고
씁쓸히 웃는다

비로소 옷장 속엔 노란 셔츠와 분홍 치마가 걸리고
검은 외투는 그리움마냥 걸쳐 입는다

조용한 반란

한겨울
여윈 소나무 가지로
밤새 내려앉는 눈송이

눈덩이에 짓눌려
온몸이 무너질까봐
뚝, 스스로 목을 꺾는 가지

구호나 아우성 없이
몸짓 한 번으로
무게를 털어내어 뿌리를 지키는
침묵 속 화두 한 마디

우지끈!

모월 모일

국민건강보험을 물어물어 찾아 가
'생명 연장 포기'를 신청했다

언젠가
들숨 날숨이 사라진 폐
밥알 하나 허락 않는 위를
버리는 각서를 썼다

숙제를 끝낸 것 같은 가벼움
삶 속으로 죽음을 들여앉힌 듯한 안도감

그리곤 친구가 초대한
'외식1번가'로 가서
고기를 진탕 먹었다

숨소리 싱싱하고
내장이 원활했던 하루.

걸신 든 문명

마을로 내려가야겠어

아서! 내려가면 안 돼
도심은 더욱 안 돼
거기 짐승들이 많아
사람들, 사람들이 저질러 놓은 것들
차 쓰레기 먼지 연기 지하수 아스팔트
콘크리트 안테나 전선, 모두 짐승들이야

멧돼지 하나 망설인다
내려갈까 말까

그러나 먹을 게 없는 걸
배는 연방 꼬르륵

고속도로에 낭자한 핏자국
허기져 기어이 비좁은 산에서 빠져나온
짐승 하나, 오롯이 짐승 하나
배 터지게 처먹은 짐승을 태운
네 발 달린 쇳덩이에게 밟혀 죽었다

그나마 남은 산모롱이에 개망초 핼쑥하다

옆

반쯤 돌아섰다

눈 한 쪽은 이미 저 편으로 기울었고
다리 하나는 건널목에 걸쳤다

안 보이는 귀로 이별을 엿듣고
귀 쪽으로 몰린 입으로 배신을 탓하면서

오도 가도 못하는 중에
배웅과 마중이 엇갈릴 듯

아주 돌아서기엔
등이 따가워

다시 마주보기엔
가슴 얼얼하여

멈춘 자리에서 한참이나 헤맨다

풍선

불고 또 불어
펑, 터진다

탱탱하던 껍데기 쭈글쭈글
속은 어디 갔나

바람으로 부푼 몸
바람으로 무너졌다

속은 원래 없었던 것
바람도 껍데기.

오월의 상견례

옆구리를 찌른다
발목을 찬다

공연히 수다 떨지 말라며
섣불리 잘 난 척 말라며
실실 웃지 말라며
표 나게 찡그리지 말라며
미처 못 떠난 사월이
오월에게 찝쩍거리건만

할 이야기 다 하고
온갖 사연 쏟아내고
눈물을 찔끔거리다가
웃음을 토하는
과년한 처자
혼기를 이미 놓치고도

벌써 봄이 가고 있다
단추 하나 덜 채운 채 옷자락 펄럭이며

빈 꽃가마 터걸터덜 둘러간다

가물어도 메마르지 않던

바다마저 말라 붙일 듯
연일 땡볕 쏟아지던 그 여름
적막만 감도는 우물가엔
두레박마저 없었다

아침나절 아낙들 집집에서 서둘러 나와
우물 속을 들여다보고
하늘 쳐다보곤 하염없이
줄을 선다

통장아저씨가 두레박을 들고 나온다
아낙들은 차례차례로 우물 밑바닥을 긁어
물 몇 줌씩 담아 올려
동이를 반쯤만 채운다

부산하던 우물
다시 고요해지고
오후 지나 저녁, 밤새
물꼬는 시나브로 물을 끌어 올린다

다음 날 아침 우물은 어김없이
마을 골고루 식수를 퍼 나른다

가뭄이 길어 물 한 사발이 약수일 때가 있었다
서로 나누어 적게 먹어도 배부를 때가 있었다

수학으로 푸는 인생3

삶 − 죽음 = 0
삶 = 죽음

인생은
곱하기 나누기가 없는
더하거나 나머지도 없는
부등호 또한 없는

아주 단순한 방정식.

응급조치로 외투를 사다

어제처럼 따뜻할 줄 알고 나갔다
문밖은 쌩! ㅂ람 찹다
약속시각 늦을까봐 입은 옷 그대로
거리는 더 춥다

난장에 옷을 판다
창고에서 방출한 팔다 남은 옷가지들
입음직한 외투 한 벌 간구천구백 원
얼른 산다, 추위를 막는 응급조치용으로

두꺼운 윗도리 위에 껴입은 덧옷
모양새는 없어도 따뜻하다

행복은
추우면 추운대로 걷다가도
주머니 사정이 걸 맞는
외투를 망설임 없이 사서
두툼하게 온기를 걸치는 일

버려서 비우고도
옷장을 다시 채우는

삶이 그런 거.

아파트

종종 잃어버리는 104동 열쇠
쿡 찍으면 활짝 열리는 정문
내 것이 없으면 이웃이 딴 문으로 잽싸게
뛰 따라 들어가 버젓이 승강기를 기다리는
있어도 없어도 그만인 출입증

승강기를 타고 올라 비밀번호를 누르면
스르르 벗겨지는 통제구역
내 번호 아니면 들어갈 수 없는
마침내 내 영역

누가 기다리지 않는 방
어느 누구도 먼저 들락거리지 않는 거실
삶의 서리가 맺힌 창, 고독한 소파

식탁은 비어 있어도 탁자 위엔
책 파지 볼펜 리모컨 등이 어지러운
일상이 가장 분주한 지점
하루 중 절반이 웅성거리는 현장

고양이걸음으로 스며든 햇살
게 눈 감추듯 스러지고
어둠이 자리를 채우면 방방이 등을 켜고
이중잠금쇠를 확인하는 입주민

마당과 빨래줄. 빗방울과 참새가 없는
집 아닌 집들, 초현대판 마을이여.

바느질 중에

옷섶에 올 하나 터져
그 작은 틈을
굵은 바늘로 기웠더니
이크, 더 큰 구멍이 뚫렸네요

잔바람 결에 스친 상처
독한 약으로 소독하다가
더 깊이 팰 것이니
이대로 조금 더 견뎌야겠어요

큰바람은 아직 들이닥치지도 않았고
어린 상처는 제풀에 아물기도 하니까요.

망년

소주 한 병 후딱 마시고
술 한 잔 걸쳤다며
흥얼흥얼

얇은 지갑 열어
때 묻은 손에
지폐 몇 장 쥐어주곤
다시 흥얼흥얼

바다 몇 순례 돌고
귀가 중

빈집에서 기다리는 어듬

어둠의 문턱에 걸려
휘청

엎어진 구두 한 짝 바로 세우곤
찬물을 들이키는
십이월 끄트머리.

농담처럼

어느 영화 속 대사

서면이 어딘가요?
전포와 부전 사이에 있어요
아닌데요, 가로수 그늘 아래 있어요

가수 이문세를 좋아하는 사람의
애창곡 '가로수 그늘 아래 서면'의 서면
키드득 웃는다

어느 분식점에서의 대화

여기, 울면 되나요?
울면 안돼요
저기, 중국집에서는 되요

음식을 주문하는 중에
울 장소를 찾는 셈
또 웃는다

말로 상처받는 세상
무지막지한 직언 대신
조금은 옆으로 약간은 비스듬히
말을 휘거나 뒤집는다면
울 일도 웃고
웃을 일은 더욱 웃을 것을.

화장

전철을 기다리는 할머니
연지를 곱게 그리고 앉았다

훅! 날아가 버린 봄날
기억조차 희미한 청춘을
입술에 새기고 있다

마지막까지 그리하리라
세상 그을음 씻고
세월의 나이테를 지우고
텅 비어 깨끗한 몸
온몸을 화장하리라

화장이 더 필요 없는
한 줌의 재.

3호선

칸막이 없이
펑 뚫린 전철은
몸통 긴 짐승의 내장 속
바퀴 소리마다 이리저리 휘어져
장운동 하듯 꿈틀꿈틀

내장 속에서
졸거나 고개를 꺾고 전화기를 들여다보거나
책을 읽거나 웃고 떠들거나
이맛살 찌푸린 채 멍하니 앉아서
배설되기를 기다리는 사람들

바퀴가 멈추자
비틀비틀 구겨져 나오고
흔들흔들 삼켜져 들어오고

소화가 안 되는
먹잇감들이 들락거리는 동안
문명은 장염을 일으킨다

대형 사고는 예견된 듯.

그대, 가을

통 모르겠어요
그가 왜 멀쩡한 다리를 절고 오는지
시도 때도 없이 눈에 안개가 서리는지
백일홍 저물고 코스모스 마르기 시작하는
시월 모롱이에서 그를 다시 만났어요

아직도 모르겠어요
그가 어디서 왔으며
무엇을 살며
가끔 호주머니에 손을 넣곤
먼 산을 바라보는 이유를

먼 산에 해 걸렸어요
바람 지나가니
해 그림자 너울너울
어스름을 달고 와
허공으로 퍼지네요

아아, 허공
세월이 지나는 길
그는 길에서 태어나

길을 더듬고 만들고 지우면서 걷는
길손이군요

무엇 하나 길 아닌 것 없어요
허공 아닌 것 없구요
조금은 알겠어요
그가 왜 다리를 절고 오는지
눈에 안개가 서리는지.

껌

오래 씹어 돌려도
기 한 올 꺾지 않는

택! 뱉어내어도
아무렇지 않게 내동댕이쳐지는

씹는 이빨 아리고
뱉어낸 혀 허탈하건만

화기와 열기를 식히기엔 안성맞춤이라
잘근잘근 물어뜯곤 내버리는

비정한 상사를 비루한 윗선을
주먹으로 때릴 수 없어

복권 함께 펀칭백으로
주머니에 잊은 듯 넣고 다니는.

자화상

한겨울, 서리 낀 방

담요를 푹 덮어 쓴 채
고개 떨구고 있는
존재 한 움큼

탁자 위에
엎어져 있는
빈 술 병 하나

문틈으로 새어드는 한기.

동병상련

엄동, 추위가 기승을 부리는 날
파리 하나 거실을 빙빙 돈다

파리채를 든 아낙
너 맞아 죽을래?

맞기 싫고 죽기는 더 싫은 미물이
앉을 자리 찾아 이리저리 떠다닌다

앉을 자리를 허락하지 않는 여자
쫓다가 멈추고 또 쫓다가
창 활짝 열어 둔다

나가거라, 스스로 나가거라

열린 창으로
서릿바람 들이 쏟고
파리는 행방불명

창을 닫고 돌아서는 순간
수상한 낌새

그 거물이 식탁 위에 앉아 있다
떨어진 밥 한 톨에 주둥이를 처박고

못 본 척 지나치는 사람
배고파 빵을 씹는다

시계방에서

늦게 가는 시계를 그대로 두었다
7시 50분이면 8시인가보다, 하며
고장 난 시계를 방치했다

기어코 일을 저질렀다
열시 강의 시각을 놓쳤다
십분을 잊어버려 십분 늦게 도착한
강의실을 발끝으로 들어서는 중에
내 가슴 속 시계추도 덩달아 우왕좌왕

결코 하지 않아
결국 일어난 사고

시계방으로 간다

시계방의 시계들 시각이 제각각이다
수리공은 열심히 추를 늘리고 줄이건만

내 몸속 초침은 어떤지
빠른지 느린지
분침과 시침이 어긋난 건 아닌지

고장 난 나는
나를 어디에 맡겨야 하나.

세상 너머로

뼛가루를 본 적 없었다
사람은커녕 동물의 것도
나무가 삭고 삭아 부스러기 된 것도

보았다
나무 중 거목
동물 중 고결한-
사람 중 가장 따뜻한
내 어머니의 뼛가루를

난생 처음 본
삶의 마지막 흔적
죽음의 확실한 증표

항아리에 담긴
깊고 고요한 재

– 죽어 재가 될 몸 뭘 그리 아끼냐 –
봉안실을 처렁처렁 메우는
싱싱하고도 칼칼한 노고의 목소리

또다시 적막.

아픈 것이 아픈 것만은 아닌

몸이 지치거나 마음이 쓰리면
종종 터지는 소장
변과 섞여 나오는 피
검붉은 찌꺼기

술과 스트레스가 원인이라지만
크게 걱정할 건 아니다
피곤하면 곧장 입가에 돋아나는
알레르기성 피부염 같은 것

그것이 기쁨일 줄이야

어느 날 허기진 가슴 밥으로 때울 수 없어
술 왕창 마시고 그 뒷날
들여다본 똥은 노랗게 잘 익은 열매 같아서
배시시 웃는다

소장이 다치지 않았구나
다행이구나

때로는 울어서
눈에 이슬꽃 망울진다

8

0 하나가
아랫도리를 세우고
또 하나가
머리를 얹어
팔팔 살아 있는 직립

허공과 허공이
위아래를 떠받쳐
무너지지 않는 허공

행여 쓰러지더라도
무한대(∞)로 뻗친 와상

꽃 두 송이가 단나
한 송이 꽃으로 만발하여
팔자가 늘어진
늘 웃고 사는 생.

타인

먼 이방인보다
가까운 길손이

모르는 길손보다
아는 이웃이

밖의 이웃보다
안의 동행이

의아하고 의심되어
그런 내가 더 미심쩍어

거울 앞에서 앞뒤를 돌아보는 동안
슬그머니 등 돌리는 사람

내가 나에게
가장 낯선 얼굴.

길 찾는 법

거친 빗속에서
간신히 찾아낸 약속 장소는
골목을 돌고 돌아
다시 빠져나온 한길 가였다
멈추어 사방 둘러보면
이내 눈에 뜨이는 간판

짜증과 안도가 섞인 목스리로
툭 내뱉는 질문
여기가 거기 맞나?

여기가 거기 같고
거기가 여기 같아 헤매는
미로는 길목이 아닌 것
초조하고 급한 마음에
초점을 잡지 못하고 휘청거리는
발목이 미로인 걸

그러다가 넘어져
뼈가 부러질 지도 모르니
발밑을 조심할 것

길에서 떨어져 길을 찾을 것.

9

하나 넘치는 팔, 하나 모자란 열
팔손이에게 손 하나 더 붙어 기형으로
열 발가락에 발가락 하나 없어 병신으로 취급받는

그러나
당당한 자세
고개 바로 들고 앞을 주시하며
곧게 세운 몸

숫자 두 개 직전의 홀수
꽉 찬 외로움

아홉수를 조심하라는 어머니의 근심이 밴
잘 다루어야 할 토정비결 속 운명

먹이를 쪼아 먹던 비둘기 잠시 입질 멈추곤
심호흡하며 사방 둘러보며
구구구, 내뱉는 토악질
헛기침 또는 냉소

거꾸로 돌리면 금방
6으로 돌변하는
아슬아슬 물구나무 선
이중의 변수.

적요

개울 바닥에 우뚝 서서
미동 않는 왜가리

기다란 목 허공을 감고
가녀린 다리 물속에 심고
무엇을 바라보고 있나

일순 파르르 떠는 몸

그래, 살아야지
목숨이 아른아른 안개 같아도
살아 있으니 숨을 쉬어야지

간간이 날개를 쪼는 입

개울은 강으로
강은 바다로

왜가리는 흘러 흘러 어디로.

음지

밧줄 없는 두레박 있던가요
밥줄 없는 삶 있는가요

두레박으로 퍼야 식수이고
그릇에 담아야 끼니인 걸요

줄을 잡아야 해요
줄을 끌어당겨야 해요

줄
줄
줄
흘러내리는
목마르고 배고픈 눈물

아아, 두레박에 밧줄이 짧아
삶에 밥줄이 헐거워

옛날이나 지금이나
마시고 먹는 일은 그대로라서.

보이지 않는 별

엄마가 사라졌어요
온데간데없어요

어릴 적, 엄마가 멀쩡히 살아 있는데도
아프면 어쩌나
아파 죽으면 어쩌나
그러면 나도 따라 죽어야지

엄마 없으면 누가 밥을 주나
누가 입혀주고 달래주나, 겁이 나서
아버지와 대판 싸우고
집 나가려는 엄마 치맛자락 붙잡고
울며불며 매달리더니
지금은 엄마 영영 떠나도
말짱히 살아남아
밥을 차려 먹는 고희의 딸

봉안실 나서면서
엄마, 어디 있어요?
하늘 쳐다보며
없는 별 찾는 대낮.

과대포장

알맹이를 들어내려면
껍데기를 여러 겹 벗겨야 한다

천 보자기를 풀고
종이 상자를 열고
플라스틱을 빼내고
다시 봉지를 떼어내야
겨우 드러나는 사과

감히 고백하자면
네가 그랬다
말을 뜯어내고
웃음을 파헤치고
눈물을 걸러내고
침묵을 열어젖혀도
알듯 말듯 한
속

차라리 빈속이었다면
휑하니 들이미는 허망 함께
너를 떠나보니었을 것을

아직도 벗겨야 할 껍데기들
겹겹이 속을 싸맨 허접쓰레기들.

정의에 대한 추억

내 글씨체는 누구나 인정하는 악필이었다
궁핍한 내 몰골과 닮아 조롱받던 중학교 시절
비뚤비뚤 고르지 못한 글자로
역사 숙제를 오래 공들여 완성했다

게으른 짝지가 내 숙제를 그대로 베꼈다
아주 단정하고 반듯반듯한 글자로

선생님은 그녀에게 '수'를 주고
나는 '미'를 받았다

뭔가 빼앗긴 듯 했으나
소리 한 번 낼 수 없었다

꾀죄죄한 교복은
앞으로 당당히 나아가지 못하고
뒷걸음만 쳤다

'정의'가 무엇인지 어렴풋이 알아챈 후
나는 슬퍼서보다 억울하여 더 많이 울었다
겉만 보고 속을 몰라주어 원통하여서도 울었다

지금은 종종 울분을 터뜨리고 큰소리도 친다
약한 자를 밟고 올라서는 돈과 권세에게 주먹질도 한다

그러나 아직도 선두주자는 멀었다

몸살 중

눈 내릴 듯 비 내릴 듯
하늘에 구름 잔뜩
바람 싸늘한 날
눈 쌓인 나라에서 건너온 소식
- 창밖에 설경이 황홀합니다

문득 떠오르는 기억
군에 간 오빠에게 부친 위문편지
- 오빠, 그 곳은 눈이 와서 참 좋겠다

곧 바로 도착한 대답
- 좋긴! 눈 치우느라 허리가 빠개질 것 같다

나에게 약인 것이
어느 누구에겐 독일 수도
지금은 적이라도
내일은 동행일 수도

말 한 마디에 좌지우지 않으려
몸짓 한 올에 우왕좌왕 않으려
심지에 망치질 한다

더 깊이 뿌리 내리라고
쉬 흔들리지 말라고

온몸 가득 돋아나는
신음 그리고 열꽃.

파이(π)

모서리를 피하지 말라
모서리는 원으로 가는 출발
끝내는 원을 조심하라
막힘없이 돌고 돌아
제자리로 오는 길
무엇을 얻고 비우고 오는지
회로를 살펴보라

사각의 링 위에서 싸우는
권투선수는 코너에서야
몸 잔뜩 웅크리곤
주먹을 피하니
구석을 감당하라

꼭짓점에서 뛰어내려야
변을 부수고
3.14의 원칙은
원심에서 얻은 것
중심을 숙고하라

사랑 또한
이미 정해진 운명
원주율 같은 것
이별의 처음이 만남이니
만남에 집중하라
이별의 상처 또한
못 본 척 마라.

겨울산

어찌하나

조금만 가슴을 건드려도 쓰리는
앙상한 나무들

성긴 비탈에 바람 몹시 일렁거려
바위들끼리 몸 부딪치고

뭇 사람들 첨벙첨벙 발 씻고
어디론가 떠난 후 계곡도 여위어

스쳐 지나는 스님의 가사자락도 상처다

탈바꿈

간고등어 통째 먹고
물 한 잔

땀 흠뻑 넘치게 마셔
물 한 사발

펑펑 눈물 삼키고
물 한 바가지

후룩후룩 들이킨다

짠 것들
그대로 두어서는 안 된다

물과 섞어
농도를 내려야만
연한 살로
싱그러운 피로
맑은 웃음으로

환생한다

햇살 맑은 날

어린 손자가 꼬막손으로
소철에게 물을 줍니다

배고프지, 배고프지,
연방 밥상을 차려 줍니다

- 너무 많이 먹이지 마라, 체한다

듣는 둥 마는 둥
자꾸만 주전자를 기울입니다

끝내 화분 밑으로 줄 줄 새어 나오는 물

- 할머니, 소철이가 오줌 쌌어요

왈칵, 온 집안에 웃음보 터집니다

시인과 시, 삶과 죽음의 무위자연
- 신덕엽 13시집 『조용한 반란』

김 광 수
(시인, 소설가)

신덕엽 시인이 13시집 『조용한 반란』을 위해 정서한 시편이라면서 125편을 보내왔다. 불변의 시사랑과 담백하고 겸허한 인사 더불어.

표제에서 시인 스스로 밝힌 대로 '조용한' 그러나 '반란'에 다름 아닌 시어와 바탕사상을 심독하면서 신 시인 시의 지평이 어디까지일까, 슬며시 두려웠다.

무위자연(無爲自然 인위적인 것을 버리고 자연에 귀의하라), 노장사상(老莊思想)의 요체이자 중국의 국민종교 도교의 으뜸교리이자 유일한 가르침이라 한다.

호접몽과 胡蝶之夢에 관한 난분분한 축자비평, 부질없는 일이다. 사람과 사람 아닌 것이 다를 바 없다는 존재론적 가르침이니까. 노장께서는 자연의 일부로서 사람은 사람 아닌 것보다 못하다고 가르치고 있으니까.
신 시인의 조용한 반란 네 가지다. 순서대로 적어 본다.

언어와 시어의 무위자연
구멍 하나 / 둥둥 떠다닌다 // 꽃잎에 앉기도 하지만 / 똥 덩이에도
앉는다 // (시 「입」 일부)

시간과 계절의 무위자연
전철을 기다리는 할머니 / 연지를 곱게 그리고 앉았다 // 훅! 날아
가 버린 봄날 / 기억조차 희미한 청춘을 / 입술에 새기고 있다
// 마지막까지 그리하리라 / 세상 그을음 씻고 / 세월의 나이테를
지우고 / 텅 비어 깨끗한 몸 / 온몸을 화장하리라 // 화장이 더
필요 없는 / 한 줌의 재. (시 「화장」 전문)

자연과 인생의 무위자연
포도주에 취하곤 / 스스럼없이 몸을 열어 짙은 겨울에도 / 달콤한
봄바람을 풍기는 // 그녀를 평생 사랑하였건만 / 사랑 한 번 받지
못한 / 한 남자가 뚝배기로 맹물을 들이킨다 (시 「유리잔」 일부)

삶과 죽음의 무위자연
한겨울 / 여윈 소나무 가지로 / 밤새 내려앉는 눈송이 // 눈덩이에
짓눌려 / 온몸이 무너질까봐 / 뚝, 스스로 목을 꺾는 가지 // 구호나
아우성 없이 / 몸짓 한 번으로 / 무게를 털어내어 뿌리를 지키는
/ 침묵 속 화두 한 마디 // 우지끈! (시 「조용한 반란」 전문)

신덕엽 전작시집에 일이관지로 흐르는 정제된 시어와 유교적 인고와 역지사지(易地思之), 작으나마 걸림돌일 수도 있는데 작심인지 자연발생적인지 보이지 않는다. 신덕엽 시인과 시의 천의무봉(天衣無縫), 놀랍다!

신덕엽 제13시집
조용한 반란

초판1쇄 발행　2020년 4월 20일

지은이　신덕엽
펴낸이　이길안
펴낸곳　세종출판사

주소　부산광역시 중구 흑교로 71번길 12 (보수동2가)
전화　463-5898, 253-2213~5
팩스　248-4880
전자우편　sjpl@chol.com
출판등록　제02-01-96

ISBN　979-11-5979-344-8 03810

정가 10,000원

이 도서의 국립중앙도서관 출판예정도서목록(CIP)은 서지정보유통지원시스템 홈페이지
(http://seoji.nl.go.kr)와 국가자료공동목록시스템(http://www.nl.go.kr/kolisnet)에서
이용하실 수 있습니다. (CIP제어번호: CIP2020014557)

본 도서는 2020년 부산광역시, 부산문화재단 지역문화예술 특성화지원사업으로 지원을 받았습니다.